¡GIO QUIERE COMER UNA PIZZA ESPECIAL!

¡GIO QUIERE UNA PIZZA ESPECIAL!

Text and Illustrations by Terry T. Waltz

Spanish edition ©2018 by Terry T. Waltz
Published by Squid For Brains, Albany, NY USA
ISBN: 978-1-946626-31-8

Gio quiere comer pizza.

Pero Gio quiere comer una pizza especial. Quiere una pizza de espaguetis.

Gio quiere comer una pizza de espaguetis porque es deliciosa.

En el Polo Norte hay una pizzería "Papa Joe's".

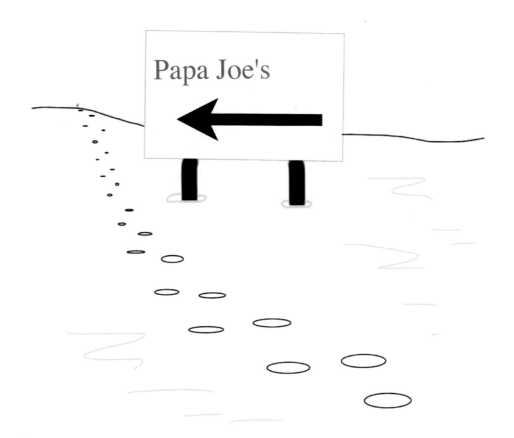

Gio va a "Papa Joe's".

Gio va a la pizzería "Papa Joe's" porque quiere comer una pizza de espaguetis.

Hay mucha pizza en "Papa Joe's".

¿Hay pizza de espaguetis en "Papa Joe's"?

Hay pizza de pingüino en Papa Joe's. Es especial... pero, Gio quiere comer pizza de espaguetis.

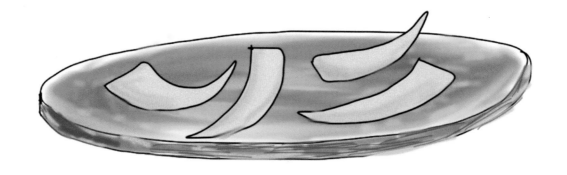

En "Papa Joe's" hay pizza de morsa también. La pizza de morsa es especial... pero, no hay pizza de espaguetis. ¡Gio quiere comer pizza de espaguetis!

Gio llora porque no quiere comer pizza de pingüino. ¡Y no quiere comer pizza de morsa tampoco! Llora mucho.

La pizza de pingüino es especial... pero no es deliciosa. La pizza de morsa es especial... pero no es deliciosa tampoco!

Gio quiere comer pizza de espaguetis, pero en el Polo Norte no hay pizza de espaguetis.
¡Gio come una pizza de morsa!

¡No es deliciosa! También come una pizza de pingüino, pero ¡la pizza de pingüino no es deliciosa tampoco!

¡Gio vomita en "Papa Joe's"!
Gio vomita porque la pizza de "Papa Joe's" no es deliciosa.

Papa Joe no vomita,
pero Papa Joe llora.

Papa Joe llora porque Gio
vomita en la pizzería.

Gio va al Polo Sur.
Gio no va a la pizzería "Papa Joe's"
en el Polo Sur.
En el Polo Sur no hay pizzerías
"Papa Joe's".

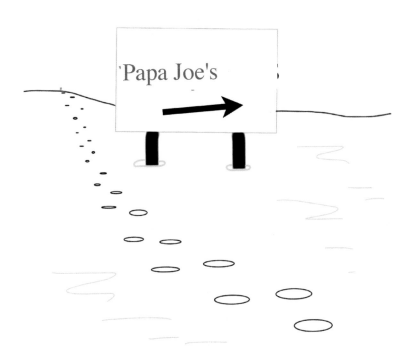

En el Polo Sur hay una PizzaIglú.
Gio va a PizzaIglú. ¿Hay pizza de
espaguetis en PizzaIglú?

Hay pizza de león marino en PizzaIglú. También, hay pizza de ballena.

Gio no quiere comer pizza de león marino. Y no quiere comer pizza de ballena tampoco.

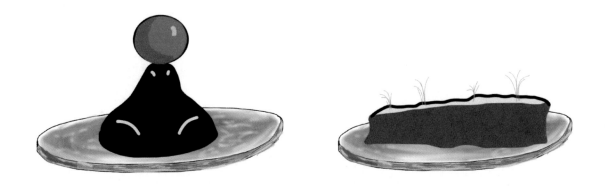

Gio no quiere comer pizza de león
marino porque no es deliciosa. No
quiere comer pizza de ballena porque
no es deliciosa. Quiere comer pizza
deliciosa de espaguetis... pero en el
Polo Sur no hay.

Gio come una pizza de león marino.
¡No es deliciosa!
También come una pizza de ballena.
La pizza de ballena no es deliciosa
tampoco.

Gio vomita en PizzaIglú
y llora mucho también.

Gio llora porque en el Polo Sur no hay pizza de espaguetis. Gio llora porque quiere comer pizza de espaguetis. Gio llora porque la pizza en PizzaIglú no es deliciosa.

Gio va al
PizzaYurt en el Monte Everest.

¿Hay pizza de espaguetis en
PizzaYurt?

¡¡Sí!!

Gio come mucha pizza de
espaguetis.
¡Es deliciosa!
¡Y Gio no vomita!